Pour Michel et Angelin.
A. C.

Éditrice : Céline Ottenwaelter ◆ Directeur artistique : Hubert Van Rie ◆ Fabricant : Titouan Roland
 ◆ 57, rue Gaston-Tessier, 75019 Paris ◆ ISBN : 979-10-235-1761-3
Dépôt légal : mai 2024 – Tirage n° 1
Loi 49-956 du 16 juillet 1949 sur les publications destinées à la jeunesse

Photogravure : ANR ◆ Achevé d'imprimer en avril 2024 sur les presses de Rotolito en Roumanie.
www.seuiljeunesse.com

mon enfant

Anne Cortey
Charles Dutertre

SEUIL JEUNESSE

J'ai vu ta tête apparaître.
Puis ton corps et tes minuscules pieds.
Je voulais couper le cordon ombilical.
Mais finalement, j'ai dit non.
J'avais peur de te faire mal.
Mon tout petit enfant.

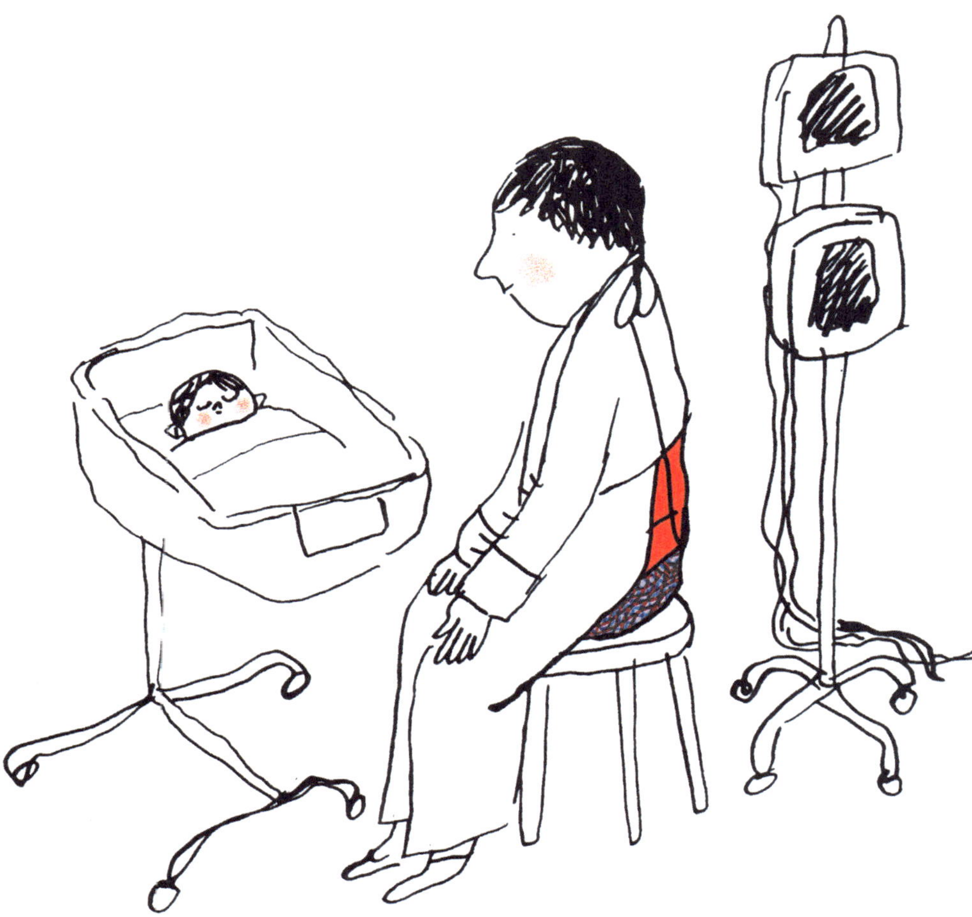

Tu me regardes avec tes yeux noirs.
Tu te demandes peut-être qui je suis.
Pendant ce temps, ta maman se repose.
Elle est fatiguée du long voyage
qu'elle a fait avec toi.

Tu fais des petits bruits
avec ta bouche.
Et moi, je t'accompagne
au ukulélé.

Tu t'endors,
je te regarde,
je n'arrive pas à te quitter.

La circulation sur l'autoroute A7 est difficile
Gling, ding
Aaaaaaa...
Des tortues...
étranges journées...
Ga, ga, ga
Rheuh...
Ga!
Ga!
N'oubliez pas de souhaiter une bonne fête à tous les papas...
Aaaaaaa
Beuhhhh
Areuh
Areuh
Areuh
Aaaah

Allez viens avec moi, toi, tu es tout excité.
Ah ah aaaaah...
Chante, oui chante...
Cling, Ding...
Aaaaa ?

Une petite chanson ?
Tap ! Tap !
Ah, les crocrocro, les crocrocro, les crocodiles...
Tap, Tap !
...sur les bords du Nil, n'en parlons plus !
Tap, Tap !
Tout a une fin, c'est comme ça mon garçon.
Maintenant, papa doit travailler !

Je te jouerai une autre chanson ce soir
Snif, snif...
Mais...
Ouiinnnn
ouin!
Bon d'accord, une petite dernière alors...

Tes premiers pas, tu les as faits avec ta maman.
Mais quand je t'ai vu courir vers moi,
c'était tout pareil.
Mon cœur a fait boum, boum
et des larmes ont jailli sur mes joues.

Ce que tu préfères
faire avec moi,
c'est jouer.

Je redeviens enfant.
Je crie comme toi.
Je ris aux éclats.
Je me roule par terre.
Et on ne voit même pas ta maman
qui nous regarde dans un coin en souriant.

— Son premier mot sera papa !

— Mais non pas du tout ! Ce sera maman !

On a attendu, attendu...

Tes parents sont des personnes très patientes.

Enfin, un jour, tu as levé le doigt vers le ciel et tu as dit « aion ».

Aujourd'hui, tu as cassé un œuf
pour la première fois.
Ça a fait *splash*,
puis il y a eu des coquilles
et du jaune partout.
Même sur tes joues.
On a bien ri.

Cradeur !
Oui ! mon fils
Tutur !
Bravo !
Tap ! Tap ! Tap !
Et moi, je suis qui ?
Bibi ?
Non, ça, c'est le biberon.

Nours !
Non plus ! c'est ton ours !
Je suis... Je suis ?
Maman !

Oui, oui…
Tu trouves ?
Papa !
Et si je remplace la photo par le dessin de la quatrième page, ça peut être bien.
Pa… pa !
Je viens de te l'envoyer, je trouve que c'est bien mieux.
Papa !
Papa !
Papa !
OK, ça marche Fred !
On fait comme ça
À plus tard !
Papa ?

Et si on jouait, mon bébé ?
Youhou ! nous sommes es rois de la maison !

Aujourd'hui,
tu es parti pour la lune.
Enfin, ce n'est pas
tout à fait exact.
Mais pour nous,
c'est un peu la même chose.
Et on attend, fébrilement
devant le portail, ton atterrissage.

Tu es malade. Je n'aime pas ça.
Tu es fiévreux, tu grelottes.
Je viens te voir dans ta chambre
toutes les dix minutes.
Ta maman me rassure :
— Ce n'est qu'un gros rhume.

Je m'endors épuisé au milieu de la nuit.
Quand je me réveille, il doit faire jour depuis longtemps
et un enfant me saute dessus.
— Papa, je peux te tirer les poils du nez ?
— Tu vas mieux ? je te demande.
— Et après, on pourra aller à la fête foraine ?

Ce n'était qu'un gros rhume.
Ta maman a (presque) toujours raison.

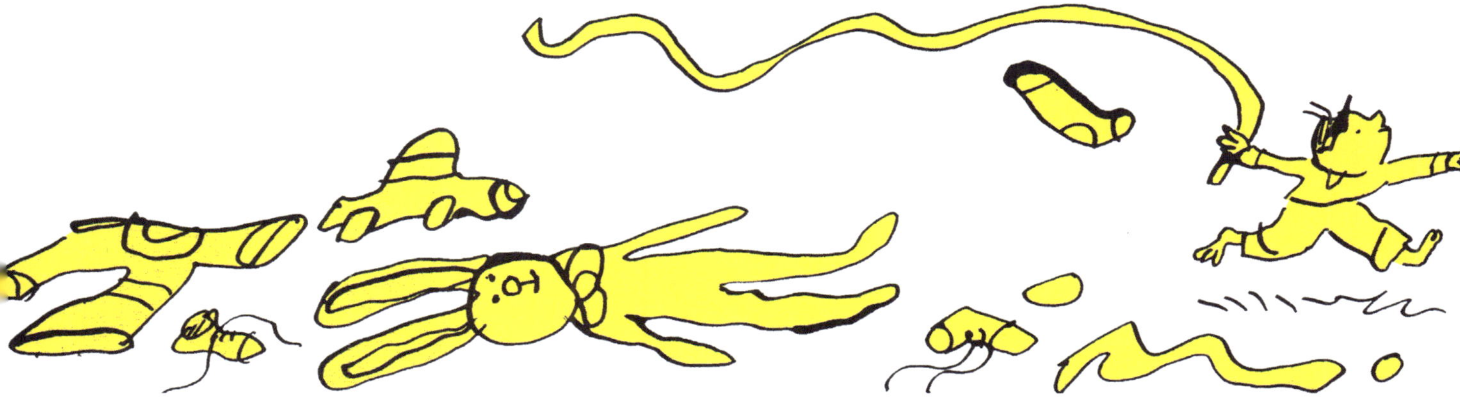

Papa ! ça va ?
Malade...
Je peux venir ?
Non, non, je suis contagieux.
Je peux te regarder ?
Je voudrais te dessiner.
Hum, si tu veux mais loin...

Tu as un gros nez...
Mhmm...
Tu as des poils partout.
Mmouais...
Une bouche tordue...
Charmant...
Des oreilles d'éléphant.
Ah ben dis donc...
Tu es rouge violacé.
De mieux en mieux...
Mais tu es quand même le plus beau des papas !

Papa, tu peux me couper les cheveux ?
Tu es sûr ? Je pourrais prendre rendez-vous chez le coiffeur ce serait mieux...
Non, je ne crois pas.
Quoi donc ?
Qu'il soit meilleur que toi. Tu es mon coiffeur. À moi ! Et j'en veux pas d'autre !
Et si je fais une bêtise.
Tu n'en fais jamais.
Enfin, une fois, je t'ai fait un trou juste devant.
Oui, mais c'était pas grave.
Bon d'accord... Je les coupe quand ?
Tout de suite ?

OK... Je vais chercher ma tondeuse...
Bzzz Bzzz
Tiens-toi droit
Ça va, papa ? T'as l'air tendu
Je suis concentré.
Bzzz Bzzz
J'adore !!! Papa, tu es le meilleur des coiffeurs !
Mais un jour, tu iras dans un vrai salon de coiffure, hein ?
Un jour, oui ! Mais pas maintenant !

Tu as commencé à apprendre à écrire.
C'est difficile pour toi.
Les lettres ne jaillissent pas sous ton crayon,
elles avancent très lentement.
Je te rassure.
Peut-être y arriveras-tu demain, après-demain
ou un autre jour.
On n'est pas pressés.

— Papa, je t'aime.
Je t'embrasse sur la main.
— Papa, je t'aime très fort.
Je t'embrasse sur le front.

— Papa, je t'aimerai toujours.
Je te serre dans mes bras
et je te réponds :
— Et moi, si tu savais...

Quand je serai grand, je t'offrirai une belle voiture.
C'est gentil, ça.
Je m'occuperai de toi, même quand tu seras très vie
J'ai de la chance.
Je te ferai à manger.
J'espère que tu cuisineras bien.
Et après je t'emmènerai en voyage sur la lune.
Ah oui ? Et comment ?
Je construirai une fusée. Rien que pour toi !
Dis donc...
Je piloterai la fusée, on traversera l'espace et après, on atterrira sur la lune.
Puis je te prendrai par la main et on sauter par-dessus les cratères.
Toute une aventure.
Oui.

Papa ?
Oui ?
Tu peux me préparer une tartine avec du fromage râpé ?
Oui
Et un verre de lait à la fraise !
Et un petit bisou, c'est possible ?
Smack !
Mais je te le promets, un jour, je t'emmènerai sur la lune.

Nous marchons côte à côte.
Tu serres ma main.
Puis tu la lâches.

Nous sommes en train de passer
devant le collège.

Tu commences
à avoir de la moustache.
Tu mesures une tête
de plus que moi.
Où allons-nous comme ça ?

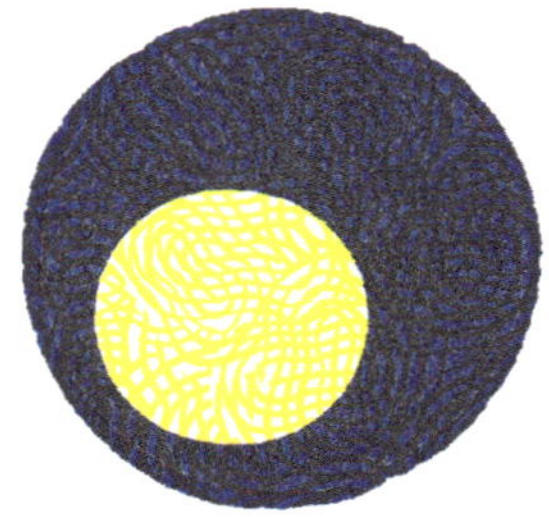

Tu as perdu ta voix de dessin animé
depuis un moment déjà.
Et maintenant, c'est celle
de tes dix ans qui s'en va.

Tu oscilles entre les aigus et les graves.
J'essaie de me souvenir comment
c'était pour moi, à ton âge.

Tu ne parles plus.
Tu t'enfermes dans ta chambre.
Je frappe une fois.
Deux fois. Trois fois…
Tu es allongé sur ton lit,
il me semble que tu pleures.
— Tu viens ? La course
de motos va commencer.

Et tu me rejoins enfin.

— Ce soir, c'est moi qui prépare le repas !

— Mais où as-tu appris à cuisiner ?

— Avec toi…

Je te regarde couper les oignons
en lamelles, touiller les légumes
dans la poêle, ajouter de la sauce
tomate, puis du romarin.
Et moi, pendant ce temps,
je chante.

Une petite partie de tennis, cet après-midi ?
Pas envie.
On peut pêcher au lac ?
Non, pas aujourd'hui.
Il y a un bon film au cinéma. Ce serait chouette de le voir ensemble.
ciné
Flemme...

Mais alors, tu veux faire quoi ?
Rien.
Rien du tout ?
Rien de rien !
Et si je faisais un vrai chocolat chaud avec de la chantilly ?
Ah, ça je veux bien, mais c'est moi qui le fais ! le mien est meilleur que le tien !

Tu as claqué la porte.
J'ai crié.
Et on s'est disputés comme jamais.
C'était horrible.
On ne s'est plus parlé pendant un long moment.

Puis tu es venu t'asseoir à côté de moi et tu m'as dit :
— Cabane passe en concert la semaine prochaine.
Ça te dirait qu'on y aille ensemble ?

Papa, je suis allé trop loin.
Je sais que j'aurais pas dû, mais c'était plus fort que moi.
Tu me fais la tête, je le vois...
Tu m'en veux.
Papa, je te promets, je ne te parlerai plus jamais comme ça. Je ne m'énerverai plus non plus. J'ai compris.
Papa, parle-moi, s'il te plaît.
Je t'aime, papa. Je t'aime vraiment.

c'est vrai...
J'ai vu...
...
...
...
...
Moi aussi, mon fils.

PIE

Un jour, tu as fait ta première rentrée à l'école.
Aujourd'hui, tu as eu ton bac.
Demain, tu passes ton permis de conduire.
Après-demain, tu nous emmènes à la mer.
Tout est allé si vite, mon enfant.

Tu es parti faire tes études à Montréal.
De l'autre côté de l'Atlantique.
À huit heures d'avion.
À sept jours de bateau.
Des semaines en ramant.
Et à la nage, n'en parlons pas…

Ta chambre est vide.
Je crois que je préférais
quand tes chaussettes sales traînaient
au milieu des paquets de gâteaux entamés
et des canettes cabossées.

Ta chambre est vide.
Je me sens un peu perdu.

– Comment tu vas, mon fils ?

– Super !

– Raconte…

– Ben, j'sais pas… Tout va bien, mes colocs sont cool, on s'entend bien…

– Et Montréal ? Raconte !

– Je vais marcher tous les jours après les cours, c'est grand ici, tu sais ? Très grand !

– Je m'en doute…

– Je traverse les quartiers, j'apprends la géographie de la ville, je commence à comprendre. C'est pas comme chez nous… J'ai découvert le mont Royal où tu as la plus belle vue sur Montréal. Et tu sais quoi ?

– Non…

– J'ai vu ton animal préféré…

– Ah bon ?

– Même que tu n'en as jamais vu en vrai…

– Oh…

– Des ratons laveurs ! J'en ai vu plein !

– Mon rêve !

– Ils sont tellement craquants !

– Tu m'enverras une photo ?

– Évidemment !

– Et la fac, ça va ?

– Oui, les cours sont intéressants...

– Tu t'es fait des amis ?

– Oui. Très sympas.

– Ils s'appellent comment ?

– Ils s'appellent Clara.

Nous avons traversé l'Atlantique.
Tu es venu nous chercher à l'aéroport avec Clara.
Que vous êtes beaux tous les deux !
Nous sommes montés dans votre voiture
et vous nous avez conduits au mont Royal.

Tu attends un enfant.
Là-bas, au Québec.

Je suis fou de joie.
Prêt à partir.
Avec mes palmes, s'il le faut.

Dring
Allo ?
?
C'est moi ! Jules est né.
Oh, mais... mais... c'est, c'est ...
C'est magnifique
Je, je ...
Combien il pèse ?
3 Kg 500
Je suis heureux, si heureux ...
C'est un beau bébé !
Moi aussi papa

C'est le plus beau jour de ma vie... Enfin, après ta naissance, bien sûr...
Mais dis-moi comment va Clara.
Elle va bien. Ça s'est très bien passé.
Je suis grand-père...
Hahaha, oui ! Tu es papi maintenant !
Et toi, tu es un papa.
J'ai hâte que vous veniez. Vous me manquez.
On t'aime fort !
Tu nous envoies une photo ?
Bien sûr.

J'avais oublié.
C'est si petit, un bébé...
Tu le poses dans mes bras.

Puis dans les bras de ta mère.
C'est le plus beau, évidemment.

Je vais lui apprendre
à compter les petits pois,
à jouer au foot,
à faire des goûters de nuit,
à utiliser le presse-purée,
à siffler avec les doigts,
à marcher sur les mains,
à ramasser les champignons,

à chanter plus fort que les cantatrices,
à ramasser les œufs sous le ventre des poules,

à planter des patates,
à fabriquer des petits bateaux,
à reconnaître le chant des oiseaux...

Ton enfant est entré dans notre vie.